ANALIZA KSIĄŻKI

Romeo i Julia

· · · · · · · · · · · · · ·

WILLIAM SHAKESPEARE

ANALIZA KSIĄŻKI

Napisany przez Johanna Biehler
Przetłumaczony przez Kâmil Kowalski

Romeo i Julia

WILLIAM SHAKESPEARE

WILLIAM SHAKESPEARE

ANGIELSKI POETA I DRAMATURG

- **Urodził się w Stratford-upon-Avon w 1564 r.**

- **Zmarł w 1616 r.**

- **Godne uwagi prace:**

  - *Sen nocy letniej* (1592-1595), komedia

  - *Ryszard III* (1592-1595), sztuka historyczna

  - *Hamlet* (1595-1600), tragedia

Poeta i dramaturg, wybitny angielski literat, szczególnie w gatunku teatru elżbietańskiego (nazwanego tak na cześć królowej Elżbiety I, 1558-1603), William Shakespeare urodził się w 1564 roku. Od czasu do czasu pojawiały się wątpliwości co do jego historycznego istnienia, które obecnie wydaje się udowodnione, choć niektóre okresy jego życia pozostają tajemnicze. Napisał 37 sztuk, z których wszystkie generalnie dzielą się na jedną z czterech kategorii: sztuki historyczne, takie jak *Ryszard III*, komedie, takie jak *Sen nocy letniej,* wielkie tragedie, takie jak *Hamlet* i wreszcie ostatnie sztuki, do których należą takie jak *Burza.* W latach 1600 zespół teatralny tego aktora i pisarza, uważany za jeden z najlepszych w Londynie, stał się rezydentem w Globe Theatre. William Szekspir zmarł w 1616 roku.

ROMEO I JULIA

HISTORIA MIŁOSNA, KTÓRA STAŁA SIĘ MITEM

- **Gatunek:** sztuka teatralna (tragedia)
- **Wydanie źródłowe**: Shakespeare, W. (2000) *Romeo and Juliet*. New York: Penguin Classics.
- **Pierwsze wydanie**: 1594-1595
- **Tematyka:** nienawiść, miłość, przeznaczenie, zakazane, trucizna

W połowie drogi między komedią a tragedią, *Romeo i Julia* jest najsłynniejszą historią miłosną w historii literatury angielskiej. Napisana w latach 1594-1595, a opublikowana po raz pierwszy w 1597 roku, sztuka w pięciu aktach opowiada o tragicznym losie dwojga młodych kochanków, których rodziny – Kapuletów i Montague'ów – zawsze się nienawidziły.

Struktura sztuki jest prosta i nie ma w niej żadnych podrzędnych wątków. Historia, rozłożona na cztery dni, dzieje się w miesiącu lipcu w Weronie i Mantui, dwóch miastach z północy Włoch, na początku 14th wieku.

STRESZCZENIE

PROLOG

Chór wprowadza w tragiczną historię dwóch szlacheckich rodów Werony.

AKT I

Scena 1

Między lokajami z dwóch wrogich sobie rodów wybucha konflikt. Benvolio, bratanek Montague i Tybalt, bratanek Kapuletowie, próbują ich rozdzielić, ale w końcu walczą ze sobą. Książę Werony, Escalus, interweniuje i grozi im śmiercią, jeśli jeszcze raz zakłócą spokój miasta. Wszyscy rozchodzą się w swoje strony, podczas gdy Benvolio zostaje, by porozmawiać z Montague i jego żoną o melancholijnym nastroju ich syna, Romea. Romeo wchodzi i wyznaje Benvolio swoją rozpacz spowodowaną miłością, którą żywi do Rozaliny, młodej kobiety, która złożyła ślub czystości.

Scena 2

Kapulet rozmawia z Parysem, młodym lordem, który chce poślubić jego córkę, Julię. Kapulet zaprasza go na przyjęcie, które organizuje tego samego wieczoru, gdzie Parys będzie miał okazję zalecać się do Julii. Daje też swojemu lokajowi listę gości. Ponieważ lokaj jest analfabetą, prosi o pomoc

Romea i Benvolio, którzy odczytują dla niego listę. Walet zaprasza ich na przyjęcie.

Scena 3

W domu Kapuletów Lady Kapulet w towarzystwie pielęgniarki pyta Julię, co myśli o małżeństwie. Julia odpowiada, że jeszcze o tym nie myśli. Matka prosi ją, by rozważyła propozycję Parysa.

Scena 4

Na przyjęcie przybywają Romeo, Benvolio i Merkucjo w maskach. Romeo przyznaje, że miał sen, w którym wyjście na przyjęcie zakończyło się katastrofą.

Scena 5

Kapulet wita swoich gości. Romeo, przytłoczony urodą Julii, natychmiast zapomina o Rozalinie. Tybalt rozpoznaje głos Romea i chce go zabić. Kapulet nakazuje mu uniknąć skandalu. Tybalt przysięga, że się zemści. Romeo podchodzi do Julii, rozmawiają i całują się. Romeo z rozpaczą słyszy, że ona jest Kapuletem. Zdruzgotany, opuszcza przyjęcie. Julia również jest przygnębiona, gdy dowiaduje się, że Romeo jest Montague.

AKT II

Prolog

Chór opisuje rodzącą się miłość Romea i Julii oraz to, jak trudno jest im się ponownie zobaczyć, biorąc pod uwagę nienawiść między ich rodzinami.

Scena 1

Romeo wspina się po murze ogrodu Kapuletów. Benvolio i Mercutio szukają go, bez skutku.

Scena 2

W oknie pojawia się Julia, która nieświadoma obecności Romea, zaczyna się nad nim zastanawiać. Ku jej zaskoczeniu, Romeo odpowiada. Wyznają sobie miłość.

Scena 3

Romeo idzie do brata Laurence'a i wyznaje, że kocha Julię i chce ją poślubić. Laurence, widząc w tym sposób na pogodzenie dwóch rodzin, zgadza się na ich ślub.

Scena 4

Romeo spotyka się z Benvolio i Mercutio i wyjaśnia swoje zniknięcie z poprzedniego dnia. Pojawia się pielęgniarka i prosi o rozmowę z Romeo. Zapada decyzja, że ślub powinien odbyć się tego samego popołudnia.

Scena 5

W ogrodzie Julia z niecierpliwością oczekuje na wiadomości od pielęgniarki. Pielęgniarka przybywa i radzi jej, by poszła do spowiedzi.

Scena 6

Julia spotyka się z Romeo i Laurencją. Zakonnik udziela im ślubu.

AKT III

Scena 1

Między Montegami a Kapuletami wybucha walka. Tybalt prowokuje Romea, ale Romeo odmawia walki. Merkucjo atakuje Tybalta i umiera po dźgnięciu. Wtedy Romeo mści się na przyjacielu i zabija Tybalta. Benvolio radzi mu ucieczkę, aby uniknąć wyroku śmierci. Przybywa książę i wygania Romea z Werony.

Scena 2

Julia czeka na Romea w ogrodzie. Przybywa pielęgniarka i informuje ją o śmierci Tybalta i wygnaniu ukochanego.

Scena 3

Fra Laurence ogłasza Romeo swój wyrok. Romeo idzie pożegnać się z Julią przed opuszczeniem Werony do Mantui, gdzie pozostanie do czasu, gdy Fra Laurence uczyni ich małżeństwo znanym.

Scena 4

Kapulet oferuje rękę córki Parysowi i data ślubu zostaje wyznaczona na najbliższy czwartek.

Scena 5

Tuż przed świtem Romeo ma opuścić komnatę Julii. Para całuje się i Romeo ucieka przez okno; wchodzi Lady Kapulet i zapowiada przyszłe małżeństwo córki z Parysem. Julia odmawia. Na wieść o odmowie córki, Kapulet grozi, że ją zdezawuuje. Julia prosi matkę o litość, ale ta odmawia jej pomocy. Jej pielęgniarka również radzi jej, by poślubiła Parysa. Zdradzona Julia udaje, że akceptuje swoje przeznaczenie i idzie wyspowiadać się do brata Laurence'a.

AKT IV

Scena 1

Laurence rozmawia z Parysem o swoim zbliżającym się związku z Julią. Julia przybywa i prosi księdza o radę. Ten daje jej fiolkę z miksturą, która sprawi, że przez 42 godziny będzie wyglądała na martwą. Kiedy się obudzi, Romeo, uprzedzony przez Laurencję, zabierze ją ze sobą do Mantui.

Scena 2

Julia ogłasza rodzicom, że wyjdzie za mąż za Parysa. Zapada decyzja, że ślub powinien odbyć się wcześniej niż planowano, a mianowicie następnego dnia rano.

Scena 3

Juliet prosi, by została na noc sama w swoim pokoju. Mimo wielu wątpliwości wypija miksturę.

Scena 4

Kapulet, który nie spał całą noc, by dokończyć przygotowania, wysyła pielęgniarkę, by obudziła Julię.

Scena 5

Pielęgniarka znajduje Julię leżącą na łóżku, bez życia. Wszyscy opłakują jej śmierć. Laurence naciska na nich, by zorganizowali jej pogrzeb.

AKT V

Scena 1

Na ulicach Mantui Romeo spotyka swojego stronnika, Baltazara, który mówi mu o śmierci jego ukochanej. Przytłoczony, Romeo postanawia spędzić noc u jej boku. Po drodze zatrzymuje się w aptekarzu i kupuje truciznę.

Scena 2

Laurence dowiaduje się, że brat Jan, któremu przekazał list adresowany do Romea, w którym wszystko wyjaśnił, nie mógł opuścić miasta z powodu epidemii dżumy. Laurence wyjeżdża, by ratować Julię.

Scena 3

Podczas składania kwiatów na grobie Julii, Parys słyszy hałas i ukrywa się. Przybywa Romeo z Baltazarem, któremu powierza list adresowany do ojca. Romeo otwiera grób, w którym leży Julia. Paryż rozpoznaje Romea, którego uważa za odpowiedzialnego za śmierć Julii, gdyż od śmierci Tybalta wydawała się ona niepocieszona. Próbuje go powstrzymać, ale Romeo go zabija. Całując Julię po raz ostatni, wypija truciznę. Julia budzi się i całuje Romea, mając nadzieję, że może być trochę trucizny na jego ustach. Jak słyszy strażników zbliża, ona chwyta nóż Romeo i zabija się. Strażnicy aresztują Baltazara i brata Laurence'a. Przybywają Capuletowie, Montague i książę. Montague oznajmia, że jego żona zmarła z powodu smutku poprzedniej nocy. Książę przepytuje Laurencję, który opowiada tragiczną historię Romea i Julii. List Romea do ojca potwierdza tę historię. Na oczach ciał swoich zmarłych dzieci Montague i Kapulet godzą się.

STUDIUM POSTACI

ROMEO

Jedyny syn Montague i Lady Montague, Romeo ma niespełna 20 lat. Jest idealistą i nieprzewidywalnym młodym człowiekiem. Moody, jego zachowanie jest czasem skrajne, co właśnie doprowadzi do jego upadku. W Weronie jest ceniony i szanowany. Choć jego rodzina jest w stałym konflikcie z Kapuletami, przemoc go nie interesuje. Interesuje go tylko miłość i jest przede wszystkim zakochany w samej idei miłości. Jego uczucia dojrzewają przez całą sztukę. Na początku jest zakochany w Rozalinie, ale zapomina o niej w chwili, gdy rzuca okiem na Julię, z którą będzie dzielił intensywną namiętność, która doprowadzi go do śmierci. Jest również wiernym przyjacielem, który nie waha się zabić Tybalta, aby pomścić śmierć Merkucja.

JULIET

Jedyna córka Kapuleta i Lady Kapulet, Julia ma niespełna 14 lat. Choć nie wie wiele o miłości, natychmiast zakochuje się w Romeo, któremu bezgranicznie oddaje swoje życie. Potulna i słodka młoda dziewczyna, rzadko wychodzi z domu i dużo czasu spędza w ogrodzie, który jest symbolem jej samotności. Jej jedyną przyjaciółką jest pielęgniarka, której nie waha się odrzucić, gdy ta sprzeciwia się Romeo. Postać Julii rośnie w mądrości przez całą opowieść. Z nadopiekuńczej i naiwnej dziewczyny zmienia się w zdecydowaną i pewną siebie młodą kobietę. Podczas gdy Romeo działa pod wpływem impulsu, Julia jest bardziej pragmatyczna: myśli o sytuacji i praktycznej stronie rzeczy.

MERCUTIO

Krewny księcia, jest bliskim przyjacielem Romea. Wesoły i bezczelny, lubi bawić się językiem, a jego mowa jest usiana kalamburami i grami słownymi. Nie podziela romantycznej wizji Romea i próbuje przekonać go, by miłość traktował jedynie jako seksualne uwolnienie. Zabity przez Tybalta podczas walki, jest jedyną postacią w sztuce, która nie uważa, że jego śmierć jest zrządzeniem losu. Umierając, wini za swoją śmierć Kapuletów i Montague'ów.

PIELĘGNIARKA

Pełniąc rolę zastępczej matki Julii, jest bardzo rozmowna i często wygłasza zabawne, a nawet skandaliczne komentarze. Jest zaufaną powiernicą, pośredniczy między Romeo i Julią. Jej wizja miłości jest przeciwieństwem wizji Julii: podczas gdy młoda kobieta jest idealistką, pielęgniarka jest bardziej przyziemna i uważa, że każdy bogaty i przystojny młody mężczyzna jest dobrym kandydatem.

BRACISZEK LAURENCE

Zakonnik franciszkański, jest człowiekiem umiarkowanym i rozsądnym, który widzi w związku Romea i Julii szansę na pojednanie dwóch wrogich sobie rodzin i przywrócenie pokoju w Weronie. Jest dobrze zorientowany w sztuce botaniki i przygotowuje dla Julii miksturę, która nada jej pozory śmierci. Choć wszystkie jego plany wynikają z dobrych intencji, to jednak spowodują śmierć dwojga kochanków.

TYBALT

Bratanek Kapuletów i kuzyn Julii, jest żywym ucieleśnieniem nienawiści między Kapuletami i Montague. Gwałtowny i ciągle zły, zostaje w końcu zabity przez Romea.

BENVOLIO

Bratanek Montague, jest lojalnym przyjacielem Romea. W przeciwieństwie do Tybalta jest osobą pacyfistyczną, która stara się unikać konfliktów.

MONTAGUE

Mąż Lady Montague i ojciec Romea, jest głową rodziny Montague.

LADY MONTAGUE

Żona Montague'a i matka Romea, bardzo martwi się o syna i umiera ze smutku, gdy ten zostaje wygnany z Werony.

KAPULET

Mąż Lady Kapulet i ojciec Julii, jest szanowanym człowiekiem, który łatwo wpada w gniew. Kochający ojciec, wierzy, że ma na uwadze dobro swojej córki.

LADY KAPULET

Żona Kapuleta i matka Julii, nie wychowała córki i nie zna jej dobrze. Jest niekompetentna i wzywa pielęgniarkę, gdy chce porozmawiać z córką.

PARYS

Młody lord, jest według Kapuleta najlepszym mężem, jakiego Julia mogłaby mieć. Jest człowiekiem szanowanym, który zaloty do Julii odbywa zgodnie z zasadami (spotyka się z nią w miejscach publicznych, prosi o rękę jej ojca itp.) Ale jest też człowiekiem nijakim, który nie zwraca uwagi na Julię, do tego stopnia, że nie zna prawdziwej przyczyny jej smutku.

KSIĄŻĘ ESCALUS

Książę Werony, stara się utrzymać pokój w mieście i interweniuje, gdy wybucha walka.

BRACISZEK JAN

Zakonnik franciszkański, ma zanieść list brata Laurence'a do Romea, ale uniemożliwia mu się opuszczenie miasta, co ostatecznie powoduje tragiczny koniec Romea i Julii.

ROSALINE

To młoda kobieta, w której Romeo jest desperacko zakochany na początku opowieści. Nigdy nie pojawia się na scenie.

ANALIZA

TEATR ELŻBIETAŃSKI

Ta nowa forma teatru narodziła się w Anglii na początku panowania królowej Elżbiety I i pozostała dominująca od drugiej połowy 16th wieku do pierwszej połowy 17th wieku.

Od 1560 roku teatr angielski przeszedł szereg zmian. Przed tą datą teatr jako miejsce wystawiania sztuk nie istniał. Sztuki, często religijne, wystawiane były na placach miejskich, w szkołach itp. Bycie aktorem nie było prawdziwym zawodem.

- Tworzono oddziały zawodowych aktorów, mimo wątpliwości Kościoła. W latach 80. XV wieku pojawił się pierwszy angielski dramaturg, a John Lyly, Christopher Marlowe i Thomas Kyd napisali sztuki nowego gatunku, pisane specjalnie dla zawodowych teatrów, co było istotną zmianą. W 1567 roku powstał pierwszy angielski teatr, Red Lion. W ślad za nim poszły inne, takie jak Globe (1596), gdzie miała występować kompania Szekspira.

- To właśnie w tym kontekście Szekspir przybył do Londynu i zaczął pisać. Niestety purytanie, uważając działalność teatralną za niemoralną, kilkakrotnie kazali zamykać teatry.

W odniesieniu do architektury teatru angielskiego zabytek, w formie kolistej, został podzielony na kilka przestrzeni scenicznych:

- Wewnętrzny dziedziniec, na którym siedziała publiczność, nie miał dachu;

- Na ten dziedziniec wysunięta była prostokątna scena, która przybliżała aktorów do widowni;

- Po każdej stronie sceny znajdowały się dwa pomieszczenia aneksowe, a także balkon, na którym rozgrywały się sceny o drugorzędnym znaczeniu;

- Te publiczne teatry mogły pomieścić do trzech tysięcy widzów.

- Sztuki elżbietańskie były wystawiane za jednym zamachem, bez podziałów na sceny (dodali je redaktorzy sztuk Szekspira w 18th wieku). Dlatego, choć akt IV *Romea i Julii*, podzielony na pięć krótkich scen, może wydawać się współczesnemu widzowi długi, w teatrze elżbietańskim działo się to szybciej.

- Niewiele było też scenografii i efektów świetlnych, dlatego bohaterowie często podają, dokąd idą ("Stąd pójdę do celi mego upiornego ojca", II, 2) i jaka jest pora dnia (" Dzień dobry, kuzynie […] Ale nowa wybiła dziewiąta", I, 1).

Ten rodzaj produkcji, prosty i sprawny, pozwalał na formę intymności między aktorami a publicznością, która była częścią spektaklu.

MIŁOŚĆ I NIENAWIŚĆ

Są to dwa główne wątki sztuki. Te namiętne uczucia, ze względu na swój skrajny charakter, są bardzo gwałtowne i prowadzą do śmierci wielu bohaterów.

- Nienawiść jest stała. Nie wiemy, dlaczego Kapuletowie i Montague'owie się nienawidzą. Wiemy, że należą do dwóch rodzin "podobnych do siebie pod względem godności" (prolog); widz nie czuje się skłonny do opowiedzenia się po jednej ze stron. Nienawiść przejawia się wśród wszystkich klas społecznych: służby, młodzieńców i ich panów. To właśnie z powodu tej nienawiści miłość Romea i Julii jest niemożliwa. Ani państwu (książę Eskalus), ani religii (brat Laurence) nie udaje się jej zakończyć. Dopiero śmierć Romea i Julii oraz wstyd, jaki odczuwają ich ojcowie z powodu tej śmiesznej awantury między nimi, a która przyniosła śmierć ich dzieciom, pogodzi ich.

- Miłość jest gwałtowna. Jest potężną siłą, która pokonuje wszystkie inne wartości i emocje obecne w sztuce. Romeo i Julia są gotowi wyprzeć się swoich rodzin (Romeo: "Nazwij mnie tylko miłością, a będę nowo ochrzczony;/ Odtąd nigdy nie będę Romeo". II, 2) i swoich przyjaciół (Julia, zdradzona przez swoją pielęgniarkę: "Idź, doradco; Ty i moje łono będą odtąd dwojgiem." IV, 5), a nawet władzę, która nad nimi panuje (Romeo przyjeżdża do Julii mimo wygnania z Werony) w imię ich miłości. Miłość nie jest w *Romeo i Julii* uczuciem delikatnym. *Romeo i Julia* nie jest powieścią romantyczną: miłość to brutalne, silne uczucie, antyteza romantycznej poezji, którą Romeo czyta na początku powieści, gdy jest jeszcze zakochany w Rozalinie. Dlatego miłość, która rodzi się między Romeo i Julią, jest bezpośrednio związana z przemocą. Kiedy dwoje kochanków spotyka się podczas przyjęcia wydanego przez Kapuleta, Tybalt zauważa obecność Romea i przysięga go zabić (I, 5).

Należy zauważyć, że sztuka kończy się pojednaniem dwóch rodzin, co oznacza triumf miłości, a nie końcem Romea i Julii, co oznaczałoby triumf nienawiści. Miłość jest tu pojęciem ogólnym, uniwersalnym, które istnieje niezależnie od uczuć, jakie żywią do siebie dwie poszczególne osoby.

PRZEZNACZENIE

Los i przeznaczenie są bardzo obecne w *Romeo i Julii*: kontroluje przyszłość bohaterów.

W prologu chór ogłasza, że ich miłość jest "naznaczona śmiercią" i że kochankowie są "połączeni w gwiazdach". Widz od początku sztuki wie więc, że kochankowie są skazani na zagładę. O tym tragicznym zakończeniu wspomina się w sztuce kilkakrotnie, a bohaterowie są tego świadomi:

- Przed wyjściem na przyjęcie, na którym spotka Julię, Romeo mówi: "Obawiam się, że za wcześnie: bo mój umysł źle wróży/Jakieś następstwo jeszcze wiszące w gwiazdach/ Zacznie gorzko swoją straszną datę/Zabawami tej nocy i wygaśnie termin/Zamkniętego w mej piersi wzgardzonego życia/Przez jakąś nikczemną karę przedwczesnej śmierci" (I, 5);

- Jeszcze przed poznaniem tożsamości Romea, Julia stwierdza, że: "Jeśli będzie żonaty, mój grób będzie moim łożem małżeńskim." (I, 5).

Jednak przez całą opowieść Romeo i Julia próbują, bez powodzenia, przekreślić swoje losy:

- Na wieść o rzekomej śmierci Julii, Romeo wykrzykuje: "W takim razie przeciwstawiam ci się, gwiazdy!" (V, 1), i próbuje przeciwstawić się samobójstwu, kupując truciznę. Niestety, to właśnie ten czyn popchnie go do samobójstwa;

- Romeo kilkakrotnie zauważa, że nie może opuścić drogi wyznaczonej przez swoje przeznaczenie. Gdy właśnie zabił Tybalta, wykrzykuje: "O, jestem głupcem fortuny!" (III, 1).

Przeznaczenie objawia się poprzez serię zbiegów okoliczności i niefortunnych wypadków, stawia przeszkody na drodze zakochanych:

- Mimo misternego planu brata Laurence'a, bratu Janowi nie udaje się przekazać Romeo listu zawierającego wyjaśnienie: "Nieszczęśliwy los! przez moje braterstwo,/ List nie był miły, lecz pełen ładunku/Od drogiego importu, a zaniedbanie go/Może uczynić wiele niebezpieczeństw" (V, 2);

- Julia budzi się dokładnie w chwili, gdy trucizna opanowuje Romea: "O wygodny bracie! /Gdzie jest mój pan? Dobrze pamiętam, gdzie powinnam być, /i jestem tam. Gdzie jest mój Romeo?" (V, 3).

Ta koncepcja przeznaczenia jest bardzo często wykorzystywana w średniowiecznych tragediach. W późniejszych sztukach Szekspira ruina i śmierć bohaterów nie jest już przypisywana przeznaczeniu, a sami bohaterowie poprzez swoje działania i wybory prowokują swój upadek. Tak jest mianowicie w *Królu Learze* i *Otellu*.

DALSZA REFLEKSJA

KILKA PYTAŃ DO PRZEMYŚLENIA....

- W sztuce ogród pełni bardzo silną rolę symboliczną. Pomyśl o innych słynnych ogrodach i wyjaśnij ich miejsce w historiach, w których są wspominane.

- Jean-Paul Sartre (francuski pisarz i filozof, 1905-1980) stwierdził, że: "Piekło to inni ludzie". Skomentuj ten cytat w odniesieniu do *Romea i Julii*.

- Romeo i Julia to uniwersalnie znane postacie. Znajdź przykłady innych słynnych par w literaturze, kinie i teatrze i porównaj je z kochankami z Werony.

- Brat Laurence mówi, o roślinach i ziołach, które uprawia:

  "O, jakże potężna jest łaska, która tkwi/ W ziołach, roślinach, kamieniach i ich prawdziwych cechach:/ Bo nic tak podłego, co na ziemi żyje/ Ale ziemi jakieś szczególne dobro daje,/ Ani nic tak dobrego, ale odcedzonego od tego uczciwego użycia/ Odwraca się od prawdziwego urodzenia, potykając się o nadużycie:/ Sama cnota zmienia się w wadę, gdy jest źle stosowana;/ A wada czasem przez działanie dostojnie się prezentuje" (II, 3).

Jak te słowa wypowiedziane przez brata Laurence'a są weryfikowane w spektaklu?

- Historia opowiedziana w sztuce rozgrywa się w ciągu czterech dni, a wskazania czasowe są bardzo precyzyjne (Julia i Parys mają się pobrać w czwartek, Julia wysyła swoją pielęgniarkę na rozmowę z Romeo o godzinie dziewiątej itd.) Waszym zdaniem, jaki efekt daje takie zarządzanie czasem?

- W pierwszej scenie *Romea i Julii* Samson, stronnik Montague, w ramach prowokacji gryzie swój kciuk przed Kapuletami. Co przedstawia ten akt i co mówi nam o konflikcie między dwoma rodami?

- "O Romeo, Romeo! Dlaczego jesteś Romeo? Zaprzecz ojcu swemu i odmów swemu imieniu; Lub, jeśli nie chcesz, bądź tylko przysięgłym mej miłości, / A ja już nie będę Kapuletem" (II, 2). Co ten cytat pokazuje o indywidualności Romea i Julii w obliczu rodzinnej tożsamości dwóch klanów?

- Jaki jest charakter relacji Romea i Julii z ich rodzicami? Czy istnieją dowody na konflikt pokoleń?

- Julie-Anne Roth, aktorka, która wcieliła się w rolę Julii w spektaklu wyreżyserowanym przez Stuarta Seide, stwierdza: "Często miałam wrażenie, że Romeo i Julia zostały zepchnięte w stronę jarmarczności. Jestem pewna, że ci dwaj kochankowie nie mają nic wspólnego z dwoma miłostkami w odcieniach różu". Skomentuj ten cytat.

- *Sen nocy letniej*, kolejna sztuka Szekspira, często przeciwstawia dzień i noc, co jest również bardzo obecne w *Romeo i Julii*. Jak można porównać perypetie młodych bohaterów tej sztuki do perypetii Romea i Julii?

- Porównaj *Romeo i Julię* z innymi sztukami Szekspira (*Król Lear, Otello, Makbet* itp.) pod względem znaczenia i roli przeznaczenia.

DALSZE CZYTANIE

WYDANIE REFERENCYJNE

Shakespeare, W. (2000) *Romeo i Julia*. New York: Penguin Classics.

BADANIA REFERENCYJNE

Morris, H. (1970) *Romeo i Julia* (Shakespeare). Oxford: Basil Blackwell.

SparkNotes Editors (2007) *SparkNotes on* Romeo and Juliet. [Online]. SparkNotes LLC. [Dostęp 27 września 2016]. Dostępny w: <http://www.sparknotes.com/shakespeare/romeojuliet/>.

ADAPTACJE

Powstało około dwudziestu adaptacji i filmowych odmian dzieła Szekspira.

Romeo + Julia (1996) [film]. Baz Luhrmann. Dir. USA: Bazmark Films.

Innym filmem, który byłby ciekawy do obejrzenia jest *Zakochany Szekspir,* który mieszając życie Szekspira i historię *Romea i Julii*, dostarcza informacji o autorze i czasach, w których żył: *Shakespeare in Love.* (1998) [Film]. John Madden. reż. USA: Universal Pictures.

Chcemy usłyszeć od Ciebie, co się dzieje!
Zostaw komentarz na temat swojej internetowej biblioteki
i podziel się swoimi ulubionymi książkami w mediach społecznościowych!

www.50minutes.com

Master ISBN: 9782808694148
Papierowy ISBN: 9782808615549
Depozyt prawny: D/2023/12603/1834

Verhaal: © Primento

Projekt cyfrowy: Primento, cyfrowy partner wydawców.